Hugo Schanovsky – **Schuberts letzter Brief**

Hugo Schanovsky

Schuberts letzter Brief

72 Prosagedichte
mit einem Nachwort von
Eduard C. Heinisch

ENNSTHALER VERLAG, A-4402 STEYR

ISBN 3 85068 517 9

Alle Rechte vorbehalten – Printed in Austria
Copyright © 1997 by Ennsthaler Verlag, Steyr
Satz, Druck und Verlag: Ennsthaler, A-4402 Steyr

INHALT

Geburtshaus 9
Kerngesund *10*
Unbestrittener Besitz *11*
Vom Himmelpfortgrund
   und anderen schönen Namen *12*
Die Mutter *15*
Die Geige des Vaters *16*
Mit einem Lächeln *17*
Kein Geringerer als Salieri *18*
Was wär's denn auch *19*
Zeugnisse *20*
Ausgekräht *21*
Im Ozean der Töne *22*
Die Nebensache *24*
Die erste Messe *25*
Das Lied *27*
Wenn's strömt *28*
Das Bürschchen *29*
Auf die Frage *31*
Ausgemustert *32*
Vom Hilfslehrer Schubert *33*
Nicht übel *34*
Ohne nächtliche Noten *36*
Da weinte er in die Nacht *38*
Weit von Wien *40*
Ohne festen Wohnsitz *41*
Siebenmeilenstiefel *42*
100 Gulden Wiener Währung *43*
Melodienreichtum *45*
Im Kotzebue-Sumpf *46*
A la Rossini *48*
Das Stubenmädchen *49*

Ins helle Licht des Tages ... *51*
Posse ... *52*
Die Zauberharfe ... *54*
Ein Schwammerl tanzt nicht ... *55*
Brief aus Linz ... *56*
In goldener Fülle ... *57*
„Machwerk" ... *58*
Die gleichgesinnte Seele ... *60*
Die Sache ... *62*
Die Perücke ... *63*
Rosamunde ... *65*
Bittgesuch an das k.k. „Arbeitsamt" ... *67*
Im kaiserlichen Stil ... *68*
Im Strom der Sprache ... *69*
Compositeur, das klang gut ... *70*
Plumpe Fälschung ... *72*
Die ihn nicht liebte ... *73*
Vom Genieren ... *75*
Wozu auch? ... *76*
Halsabschneider ... *77*
Einen guten Nachmittag antun ... *79*
Der Nächste ... *81*
Anhauch des Todes ... *82*
Winterreise ... *84*
Auf ewig geteilt ... *85*
So wurde noch keiner geprellt ... *86*
Frz. ... *87*
Allein die Wiener Presse ... *88*
Die letzte Schubertiade ... *90*
Streichquartett in C-Dur ... *91*
So lebt er ... *92*
Im schwankenden Schinakel ... *93*
Letzter Brief ... *94*
In den Fieberphantasien ... *96*
Ohne Augenmaß ... *97*

Über den Wassern der Welt *99*
Schuberts wahres Antlitz *100*
Die Unvollendete *102*
Ständige Bleibe *104*
Ein kleines Gefecht *105*
Ohne Restaurierung *107*

Eduard C. Heinisch: Schubert. Eine Störung. *109*

In der Wiener Vorstadt ist Schubert geboren,
in der Wiener Vorstadt ist er gestorben.
Unter den großen Wiener Musikern ist er
am meisten von dieser Stadt geprägt. In ihm
artikuliert sich die Musik als Sprache dieser
Stadt. In dieser Musik ist alles enthalten: die
Freude, das Leid, die Liebe, der Schmerz,
das Leben und der Tod. Der Tod als Freund,
als Tor zum Leben.

Kardinal Franz König

Geburtshaus

Schuberts Geburtshaus
in der Nußdorferstraße 54
bot bei seiner Geburt
16 Mietparteien und Familien
Obdach und Heim.

Für 32 Erwachsene
und 76 Kinder gab es
ein einziges Clo.

Es befand sich
in einer windigen Holzhütte
am Ende eines langen Weges
über den Hof.

Der kleine Franz
war das zwölfte
von vierzehn Kindern,
von denen nur fünf
am Leben blieben.

Der göttlichen Vorsehung
gefiel es,
die Säuglingssterblichkeit
an Schubert nicht geschehen
zu lassen.

Kerngesund

Das Haus
auf dem Himmelpfortgrund
wurde im Jahr 1710
erbaut.

Als man
250 Jahre später
das hufeisenförmige Haus
in seinen alten Zustand versetzte
und die verwitterten Balken
des Dachstuhls durchsägte,
roch es plötzlich kräftig
nach Harz.

Der Dachstuhl
des Hauses war
kerngesund.

Unbestrittener Besitz

In Schuberts
Geburtshaus
gibt es keinerlei
authentisches
Mobiliar.

Der große Musiker
besaß weder Tisch
noch Bett, weder Kasten
noch Schreibtisch.

Das Verzeichnis
seiner Verlassenschaft
enthielt bloß einen Pack
Notenblätter und
Kleidungs-
stücke.

Sein einziger
unbestrittener Besitz
war die Brille aus Nickel,
die er Tag und Nacht
auf der Nase
trug.

Vom Himmelpfortgrund und anderen schönen Namen

Wenn Sie jemand erzählten,
Franz Schubert starb
im zarten Alter von vier Wochen,
würden Sie heftigen Protest
ernten.

Franz Schubert,
würden Sie hören, starb mit 32 Jahren
als Altermieter bei seinem Bruder
in der Kettenbrückengasse.

So merkwürdig es klingt,
beide Behauptungen entsprechen
der Wahrheit.

Der so kurz
auf der Erde weilende Franz Schubert
starb sechs Jahre vor seinem älteren Bruder,
der laut Eintragung im Taufbuch
der Pfarre Lichtenthal
die weiteren Vornamen
Peter und Seraph trug.

Auch Karl Schubert,
einem weiteren Bruder
des Componisten und Tonkünstlers,
war kein ganzes Jahr beschieden,
obwohl er an einem so schönen Ort

wie dem Himmelpfortgrund
geboren wurde.

Ein anderer Bruder,
der den Namen des Apostels Petrus bekam,
kämpfte ein halbes Jahr
gegen den Tod.
Der heilige Name
tat nichts zur Sache.
Petrus Schubert starb
am Zahnfieber.

Am schnellsten starb
sein Schwesterchen Anna Carolina,
obwohl sie die Vornamen
von Prinzessinnen trug.
Die Fraisen ließen ihr
nur 14 Tage.

Auch das auf so bekannte Namen
aus der Heilsgeschichte
wie Franziska Magdalena
getaufte Mädchen
erfreute sich seines Daseins
an der Himmelspforte nicht lange.
Nach zwei Monaten
senkte man das Kindchen
ins Grab.

Wenn der gestrenge Instructor
und Schullehrer Franz Schubert
abergläubisch gewesen wäre,
hätte er den Himmelpfortgrund
wie die Pest meiden müssen.

Niemand war dort
dem Himmel näher
als seine Kinder.

Auf die „Vierzehn Nothelfer"
war kein Verlaß.
Im lichten Tal herrschte
der Schatten des Todes.

Die Mutter

Vom „Roten Krebsen"
zum „Schwarzen Rössl",
1801 der große Sprung.

Was für eine Welt,
in die er eintaucht,
aus Armut und Krankheit,
aus Lärm und Streit.

Da hieß es barsch
„Den Mund halten!",
da setzte es Streiche mit dem Stock,
da tönte es vom Katheder
„Hände auf die Bank!",
da standen die Störenfriede
in der Ecke mit dem Gesicht zur Wand.

Aber alles Ungemach,
das ihm widerfuhr,
die Mutter hob es auf.
Sie putzte ihm die Nase,
wischte mit dem Schürzenzipfel
die Tränen fort,
strich ihm übers Haar,
schloß ihn verzeihend
in die Arme.

Die Mutter.
Die er innig liebte.
Über ihren Tod hinaus.

Die Geige des Vaters

Da hätten die heutigen
Lehrervereine aufbegehrt
gegen die Ausbeutung der Arbeitskraft
des Lehrers Franz Theodor Schubert.
174 Kinder aus dem Lichtenthal
unterrichtet er im Schreiben
und Lesen.

Nicht einmal ein Gehalt
ist ihm der Kaiser willig.
Drei Kreuzer wöchentlich pro Kind
sind von den Eltern zu bezahlen.
Da hörte man so manchen schweren Seufzer:
Woher nehmen und nicht
stehlen!

So gab in der Rauchkuchl
des Hauses „Zum Roten Krebsen"
ein gewisser Schmalhans
als Küchenmeister
den Ton an.

Dennoch wurde
bei den Schuberts
nicht Trübsal geblasen.

Mühelos übertönte
die Geige des Vaters
das Knurren
der Mägen.

Mit einem Lächeln

Den Vater belehrt er
bei der Hausmusik
mit einem Lächeln:
„Herr Vater, da muß was
gefehlt sein."

Und der Vater nimmt
das Lächeln an:
„Der Franzl hat Recht!"
und wiederholt
die Stelle.

Da geben sich auch
die älteren Brüder
Ignaz und Ferdinand
geschlagen.

Und nicken einander zu:
„Der Franzl hat
die Noten im Blut!"

Kein Geringerer als Salieri

Kein Geringerer als Salieri
entschied mit zwei weiteren würdigen Herren
über die Aufnahme des kleinen Schubert
ins k.k. Hofkonvikt.

Da stand das Bürschchen
in einem lichtblauweißen Rock,
sodaß die Mitbewerber feixten,
der wär wohl eines Müllers Kind.

Allein der mehligfarbene Rock
blieb unbeachtet.
Sein glockenheller Sopran
und seine Trefflichkeit im Notenlesen
gaben den Ausschlag.

So wurde er
mit dem Sopranisten Franz Müller
und dem Altisten Maximilian Weiße
der Obhut des Piaristenordens
anvertraut.

Da war der kleine Schubert traurig,
als er von Vater, Mutter und Geschwistern
Abschied nehmen mußte,
aber die goldene Borte
auf dem Sängerknabenrock,
die trocknet ihm
mit ihrem Glanz
die Tränen.

Was wär's denn auch

Schubert wurde im Konvikt
von seinem Vater
sehr knapp gehalten.
So faßte er sich ein Herz
und schrieb an seinen Bruder Ferdinand:

„Du weißt aus Erfahrung,
daß man doch manchmal eine Semmel
und ein paar Äpfel essen möchte,
umsomehr wenn man
nach einem mittelmäßigen Mittagsmahle,
nach achteinhalb Stunden erst
ein armseliges Nachtmahl
erwarten darf...

Die paar Groschen,
die ich vom Herrn Vater bekomme,
sind in den ersten Tagen
beim Teufel...

Was wär's denn auch,
wenn Du mir monatlich
ein paar Kreuzer
zukommen ließest!"

Zeugnisse

Im ersten Schulzeugnis
des k.k. Stadtkonvikts
hieß es über Franz Schubert:
„Ein musikalisches Talent."

Ein halbes Jahr später
bescheinigte man ihm
„Besonderes musikalisches Talent."

In den folgenden Zeugnissen
wurde er wegen seiner
„ausgezeichneten Verwendung
in der Tonkunst"
belobigt.

1810 ordnete
der Konviktsdirektor an,
„daß auf Schuberts
musikalische Bildung
besondere Sorgfalt
zu verwenden sei."

„Dem kann ich
nichts mehr lehren",
sagte der Hoforganist Ruzicka,
„der hat's vom lieben Gott!"

Ausgekräht

Franz Schubert
verabschiedete sich
als Altstimme
von den Sängerknaben
im k.k. Stadtkonvikt
mit der Eintragung:
„Franz Schubert
zum letztenmal
gekräht."

Fortan machte er
aus dem Text
anspruchsloser Gedichte
Lieder von unüberbietbarer
Schönheit.

Im Ozean der Töne

Der kleine Schubert,
mit der Feder ist er
schnell zur Hand.

Die Noten treibt er
vor sich her, so wie der Sturm
die Blätter vor sich
hertreibt.

Nicht um Einfälle ist er verlegen,
das verflixte Papier,
die Notenblätter sind es,
die ihm fehlen.

So zieht er selber
die Linien übers Papier,
kein schöner Anblick
wie die Striche tanzen,
bergauf, bergab,
einmal knapp beisammen,
dann wieder auseinanderfallend
wie streitende Geschwister.

In die Tiefe,
ins Unauslotbare taucht er
ohne Schnorchel,
ohne Tauchermaske.

So schwamm noch keiner
wie er im Ozean der Töne,
der Wellenberge spottend,
die ihn zu verschlingen drohen.
Die Noten setzt er aus wie Bojen,
die Rettung verheißen,
und in die Unendlichkeit
der Wasserwüste zaubert er
Inseln voller Schönheit.

Inseln aus Musik.

Die Nebensache

Da hatten seine Lehrer
ihn für ein Stipendium vorgeschlagen
und tatsächlich wurde ihm ein Platz
in der Windhagschen Stiftung eingeräumt.

Das waren 150 Gulden -
allerdings verbunden mit der Auflage,
er müsse in den Ferien
die 2. Klasse verbessern,
denn Singen und Musizieren
seien nur die Nebensache.

Da faßte sich der Knabe ein Herz
und schlug das schwer umkämpfte
Stipendium aus,
wiewohl er wußte,
daß des Vaters Sinn
der brotlosen Kunst des Componierens
abhold war.

Was andere Schüler
in wohlgeformten Sätzen
als Dankesbrief hinterließen,
schrieb er hin in Noten.

Dem Herrn Konviktsdirektor Lang
übergab er seine 1. Sinfonie.
Nie wieder schied ein Sängerknabe
so kompromißlos wie er
aus dem Konvikt.

Die erste Messe

Im Sommer 1814,
bevor er in den Schuldienst eintritt,
komponiert er seine erste
Messe.

Mitte Mai begonnen,
Ende Juli beendet,
wird sie in der Lichtenthaler Kirche
im Oktober aufgeführt.

Am Dirigentenpult,
der junge Schubert
mit leuchtendem Auge,
der jüngste unter den Musikern,
die sich in der Kirche
drängen.

Die Sopransoli sang
die sechzehnjährige
Seidenweberstochter
Therese Grob.

Immer wenn sie
die Stimme erhob,
überfiel den jungen Schubert
ein unbeschreibliches
Gefühl.

Nie war
die Stunde schöner.

Der Vater ist gerührt.
Voll Freude schenkt er
dem Sohn ein fünfoktaviges
Fortepiano.

Das Lied

Die Blaue Blume der Romantik,
er pflückt sie nicht,
er pflanzt sie auf die Felder, in die Gärten,
in den Salons der Bürgerhäuser blüht sie auf,
ins Knopfloch stecken sie sich
erste Sänger.

Auf einmal ist es da, das Lied.
Goethes „Gretchen am Spinnrad" setzt er in
Töne.
Weitere Liedgedichte folgen mit
„Schäfers Klagelied", „Meeresstille",
das „Heidenröslein" und „Jägers
Abschied".

Nach einem Wust von schaurigen Balladen,
nach den sentimentalen Gedichten eines
Matthison,
greift er nach den Poemen deutscher Dichtkunst
und macht aus ihnen Perlen, deren Glanz
nie mehr erlischt.

Wenn's strömt

Wenn's strömt,
dann strömt's.

Einem nie versiegenden, fließendem Gewässer
lauscht er und setzt sein Rinnen, Treiben,
Murmeln, Plätschern, Hüpfen über den Stein
bald in helle, heitere, dann wieder
in dunkle, klagende Töne.

In zwei Jahren
250 Lieder!

Das Bürschchen

Das Bürschchen,
gezeichnet mit 17 Jahren,
von Schober.
Schneckerlhaare,
Allerweltsgesicht.

Berge von Papier
mit Notenköpfen bekritzelt,
dafür schlechte Noten
im Zeugnis.

Der Vater tobt:
Dem treibe ich
das Componieren aus.
Der schreibt mir
keine Note mehr.

Den Rohrstock
statt der Violine!
Den Katheder
an Stelle des Klaviers!

Das Bürschchen
kann's nicht lassen.
Den ersten Satz
des achten Streichquartetts
fetzt er hin
in wenigen Stunden.

Componierverbot?
Das Bürschchen lacht:
Ich bin zu nichts
als zum Componieren
auf die Welt gekommen.

Auf die Frage

Auf die Frage
wodurch sich das Jahr 1815
besonders auszeichne,
würde ich antworten:

Im Jahr 1815
komponierte Franz Schubert
einhundertvierundvierzig Lieder,
fünf Bühnenwerke,
zwei Sinfonien,
zwei Messen,
zwei Sonaten,
ein Streichquartett,
sechzehn Männer - ,
drei gemischte
und drei Frauenchöre
sowie einige kirchliche
Werke.

Auf die weitere Frage,
was man diesem unfaßlichen Fleiß
an die Seite stellen könnte,
würde ich antworten:
Schuberts Schaffen
in seinem letzten
Lebensjahr.

Ausgemustert

Die Zeiten waren stürmisch.
Der Kaiser braucht Soldaten!
Der Satz hing wie ein Damoklesschwert
über Sohn und Vater.

Die Kriege gegen Napoleon,
die Blüte der Jugend
hatten sie hinweggerafft.
So viele Krüppel!
So viele Tote!

Da waren die Schuberts sich einig.
Nicht als Kanonenfutter sollte
Franz verderben.

Andrerseits - ganz aus der Pflicht...
Was braucht der Kaiser noch?
Doch - Lehrer braucht er.
In den Höfen wimmelt es
vor Kindern.

So trat der junge Schubert
als Präparand
in das St. Anna Stift ein,
wo er als Schulgehilfe
ausgemustert wird.

Vom Hilfslehrer Schubert

Das stickige Zimmer
voll mit Buben,
ungebärdigen kleinen Rangen,
die lachten, schwätzten, lärmten,
die hörten nicht auf seine Bitte
„Gebt's endlich Ruh'!"

Da mußte er zur Not
den Rohrstock sausen lassen,
da setzte es Püffe, Nasenstüber,
da zog er einen Rotschopf an den Ohren,
da riß er einen Raufer an den Haaren.

Keine Zeit zum Träumen,
kein Plätzchen zum Sinnieren,
kein Ort für Melodien.

Das ABC. Das Einmaleins.
Das Kratzen des Griffels
auf der Schiefertafel.
Der Lärm zur Unzeit,
wenn ihm was durch seinen
Kopf ging.

Nicht übel

Zwei gute Freunde
aus Oberösterreich
standen ihm
in unverbrüchlicher Treue
zur Seite.

Der Linzer
Josef von Spaun,
als Lotteriedirektor
gut betucht,
und der Steyrer
Johann Michael Vogl,
der als Hofopernsänger
Triumphe feiert.

Spaun erzählt,
wie der kleine Schubert
vor dem großen Vogl
einen Kratzfuß versuchte
und einige Worte
stammelte.

Vogl nahm
das erstbeste Lied zur Hand
und meinte summend:
Nicht übel!

Da fiel
dem rot gewordenen Schubert
so ein Stein vom Herzen,
daß ihn beim Aufprall auf den Boden
alle vernehmen konnten.

Und freundlich überhörten.

Ohne nächtliche Noten

Er arbeitet so schnell,
so eingebettet in den Strom,
der heiß zum Herzen fließt,
daß sein Körper zum Gefäß wird,
das überschwappt -
so fängt er das,
was überrinnt, auf
und hält die blanke Melodie
in Händen.

Er weiß, daß auch des Nachts
der Strom in ihm nicht ruht,
gleich jenen Flüssen,
die im Innern der Gebirge
ihre Wasser sammeln
und als Quelle blitzend
das Gestein verlassen.

So schläft er
mit der Brille auf der Nase,
die Kerze, das Schreibzeug griffbereit
am Nachttisch.

Einmal hatte er
im Finstern nach ihr gesucht
uns sie versehentlich unters Bett
gestoßen.

Als er sie endlich fand,
war jene Stelle,
wo die Quelle sprudelte, trocken
und der Morgen des Erwachens
ohne nächtliche Noten.

Da weinte er in die Nacht

Einmal hatte er
einen Traum.

Spaun hatte
seine Wohnung
in einen Konzertsaal
verwandelt.

Er spielte.

In der ersten Reihe saßen
sein Vater, Salieri und
der liebe Gott.

Während ihn sein Vater
mit den Augen anfeuerte
und Salieri beschwörend
den Zeigefinger hob,
schlief der liebe Gott
nach hartem Tagwerk.

So spielte er verhalten.
Er wagte nicht, den Schlafenden
zu stören.

Kurz vor den letzten Klängen
sah er in der hintersten Reihe
die Frau, die ihn geboren hatte,
seine Mutter.

Die lächelte unter Tränen,
die sie in ihren guten Händen auffing
und zu einem Kranz flocht.

Den setzte sie ihm aufs Haupt
wie einen Lorbeerkranz.
Als er nach ihm greifen wollte,
um ihn zu fühlen,
wurden seine Finger naß.

Da weinte er in die Nacht.

Weit von Wien

Nimm an,
der Schubert hätte Glück gehabt,
die freie Stelle
eines Lehrers in Laibach
wär' an ihn gefallen.

Was wäre aus ihm geworden?
Ein strenger Schulmann wie sein Vater?
Ein Liedermacher der gängigen Art?
Ein braver Ehemann mit einem Schüppel
Kinder?

Die Unvollendete?
Nicht einmal begonnen.
Die Schöne Müllerin?
Den Sängern kein Begriff.
Die Winterreise?
Mit dem Schlitten
entlang der Save.

Keine heißen Tränen.
Keine Größe durch Verzicht.
Fest besoldeter Lehrer
im Südosten des Reiches.

Weit von Wien.

Ohne festen Wohnsitz

Schubert
konnte sich
Zeit seines Lebens
keine eigene Wohnung
leisten.

Er wohnte
abwechselnd
bei seinen Freunden
und in Gast-
häusern.

Nach seinem Tod
wurden ganze Straßenzüge
nach ihm benannt.

Siebenmeilenstiefel

Schubert hatte
beim Komponieren
Siebenmeilenstiefel
an.

So schrieb er
das Singspiel
„Der vierjährige Posten"
und den ersten Akt
des „Fierrabras" -
immerhin 300 Seiten Partitur -
in je sieben Tagen.

Es wird behauptet,
daß er seine Siebenmeilenstiefel
nicht einmal beim Schlafengehen
auszog.

Bis er sie wieder
angezogen hätte,
wären die schönsten Melodien
für immer verloren
gegangen.

100 Gulden Wiener Währung

Am 17. Juni 1816
komponiert er
zum erstenmal
für Geld.

Dem Herr Professor
Heinrich Josef Watteroth
schreibt er die Kantate „Prometheus"
nach dem Text von Philipp
Dräxler.

100 Gulden Wiener Währung
beträgt das Honorar.
Fünf Wochen später
wird sein Werk aufgeführt -
dann nie wieder.

Bis zum heutigen Tag
bleibt sein „Prometheus"
verschollen.

Gut möglich,
daß das Auftragswerk
im Maul eines gefräßigen Ofens
den Tod fand.

Möglich auch,
daß irgendwo
in einem Schrank,

in einer Kiste,
die vergessene Kantate
des Lichtes der Entdeckung
harrt.

Melodienreichtum

Schuberts Melodienreichtum
war so groß,
daß er es sich leisten konnte,
das Streichquartett,
mit dessen Komposition er
im Dezember 1820 anfing,
im zweiten Satz
abzubrechen.

Jeder andere Komponist
hätte Tag und Nacht
darauf verwendet,
das geheimnisvolle
aufwühlende Werk
mit allen Mitteln
zu vollenden.

Er hatte es nicht not,
die Quelle sprudelte
unaufhörlich.

Im Kotzebue - Sumpf

Auf die Bühne
drängt es ihn.
Die Opern der Großen
spuken ihm im Kopf herum:
Cherubini, Gluck, Mozart
und Beethoven.

Nicht nach Raimund
und Nestroy greift er.
An August von Kotzebue,
dessen Name auf den Bühnen Klang hat,
klammert er sich an.

Den „Spiegelritter"
nimmt er ins Visier.
Und läßt nach dem verflixten ersten Akt
entnervt die Feder fallen.
Was für ein platter Text
und Handlungsfaden!

„Des Teufels Lustschloß"
wird sein zweites Libretto.
Doch Schubert bekommt das Monstrum
aus Personen und Maschinen
nicht in Griff.

Die bittere Pille
muß er schlucken.
Im Kotzebue - Sumpf
droht er zu versinken.
In einem Morast aus Schwulst
und Albernheiten.

A la Rossini

Wien schwamm begeistert
auf den Tönen von Rossini.

Nach einer umjubelten
Aufführung des „Tancred"
hoben Schuberts Freunde
den Italiener in den Himmel.

Schubert ging
das stürmische Lobpreisen Rossinis
gegen den Strich.
So eine italienische Ouvertüre
schüttle er zu jeder Zeit
aus seinem Handgelenk,
erklärte er vorlaut.

Da stehe eine Flasche Wein,
riefen die Freunde,
wenn er stante pede
sowas Flottes zu komponieren
vermöchte!

Schubert fackelte nicht lange,
setzte sich ans Klavier und schrieb
zwei Ouvertüren in italienischem Stil.

Wieviele Flaschen Wein
auf Schuberts Wohl
geleert wurden?

Das Stubenmädchen

Vierzehn Poststationen
von Wien ostwärts bekam er
auf dem Gut des Grafen
Karl Esterhazy in Zelesz
heftiges Heimweh.

Wohl war er bestens aufgehoben,
hatte Gesellschaft im Inspektor,
im Rentmeister, im alten Chirurgen,
im Hofrichter, im Koch,
in der Kammerjungfrau,
im Stubenmädchen,
in der Kindsfrau,
im Beschließer.

Der Graf war etwas roh,
die Gräfin stolz,
die beiden Komtessen waren
brav.

An seine Freunde schrieb er:
Es ist meine teuerste, liebste Unterhaltung,
Eure Briefe zehnmal zu lesen.

Seinen Bruder Ferdinand drängte er:
Nach Wien! Nach Wien!
Und ahnte nicht,
daß er aus Zelesz,
das mit nach Hause nehmen sollte,
was ihn zeitlebens peinigte -

Das Stubenmädchen
soll sehr schön
gewesen sein.

Ins helle Licht des Tages

Wer die „Forelle" hört,
der könnte meinen,
im hellen Licht des Tages
sind Schubert die zauberhaften Töne
zugeflossen.

Die wenigsten wissen,
daß er des Nachts um zwölf
schlaftrunken hochfuhr
und beim knappen Licht der Kerze
die so berühmt gewordene Vertonung
hinschrieb.

Und noch was,
was zu der silberhellen Stimmung
des Liedes nicht paßte -
statt des Streusands
schüttete er die Tinte
übers Blatt.

Zur Schwärze der Nacht
die Schwärze der Tinte!

Durchaus möglich,
daß die Melodie schon lang
in seinem Blute kreiste
und daß es der Finsternis bedurfte,
sie ans Licht zu bringen.

Ins helle Licht des Tages.

Posse

Die Posse „Die Zwillingsbrüder",
die Schubert auf die Bühne
des Kärntnertor Theaters brachte
und die von Mozarts Sohn besucht wurde -
„ein bißchen zu schwer gehalten" - ,
beklatschten seine Freunde
laut.

Wie immer erhielt der Vogl
den größten Applaus.
Schubert stand unerkannt
auf dem Juchhe.

Als man ihn rief,
wehrte er verlegen ab:
Nicht mit dem alten Rock!

Da zog Holzapfel
seinen schwarzen Frack aus
und hielt ihn Schubert
hin.

Der zögerte,
sich dem Publikum
zu zeigen.

So trat der Regisseur der Posse
an die Rampe
und verkündete,

der Herr Compositeur
sei nicht im Hause.

Was Schubert
ohne Erregung
aufnahm.

Im Gegenteil,
er lächelte.

Die Zauberharfe

Im Sommer 1820
erreicht ihn der Auftrag
für eine neue Oper.

Das Spektakel
„Die Zauberharfe"
galt es zu vertonen.

Der Theatersekretär
Georg von Hoffmann
verfaßte den banalen Text
von guten und bösen Geistern
und komischen Ungeheuern.

Zu fünf von dreizehn Szenen
schrieb Schubert die Musik,
von der für den Konzertsaal
die Ouvertüre zur „Rosamunde"
übrigblieb.

Das Honorar von hundert Gulden
sah Schubert nie.

Im Theater an der Wien
war der Direktor
gerade wieder einmal
pleite.

Ein Schwammerl tanzt nicht

Nicht nur der Kongreß allein
tanzte in der Residenzstadt Wien,
auch auf den Brettern der Vorstadt
wurde eifrig das Tanzbein
geschwungen.

Schubert schwamm
im Strom der Zeit.
Er komponierte so viele Tänze,
daß von dem Riesenberg der Noten
mehr als ein halbes Tausend
übrig blieben.

Alles drehte sich im Walzer
und hüpfte im Galopp
zum Ländler.

Nur er selber
tanzte nicht.
Er war kein Mauerblümchen.
Er wollte nicht.

Da komm ich mir
so komisch vor.
Oder haben Sie jemals
ein Schwammerl tanzen
sehen?

Brief aus Linz

Dem lieben Spaun
schrieb er nach Lemberg:

„Da sitz ich in Linz,
schwitze mich halbtot
in dieser schändlichen Hitze,
habe ein ganzes Heft neuer Lieder,
und Du bist nicht da.
Schämst Du Dich nicht?
Linz ist ohne Dich
wie ein Leib ohne Seele
oder wie ein Reiter ohne Kopf,
wie eine Suppe ohne Salz.

Wenn nicht der Jägermayr
ein so gutes Bier hätte
und auf dem Schloßberg ein passabler Wein
zu haben wäre, so möchte ich mich
auf der Promenade aufhängen
mit der Überschrift Aus Schmerz
über die entflohene Linzer
Seele..."

Im Jägermayrhof erinnert
an den alleingelassenen Schubert
das „Schubert-Zimmer"
im ersten Stock.

In goldener Fülle

Keiner wollte ihn haben,
nicht Haslinger, nicht Diabelli,
den „Erlkönig".

Schubert war sogar bereit
zum Honorarverzicht.
Er hoffte, dann würde
einer von den beiden
weitere Compositionen von ihm
verlegen und bezahlen.

Er wartete umsonst.

So kamen die Schubertianer
auf die rettende Idee,
den „Erlkönig" auf ihre Kosten
stechen und drucken
zu lassen.

Im Rahmen einer
gelungenen Hausmusik
wurden die ersten hundert Exemplare
rasch verkauft.

Dennoch, Schubert machte nicht
den großen Schnitt,
obwohl die Ernte reich war
und der Weizen
in goldener Fülle
zum Himmel schoß.

„*Machwerk*"

Spaun wollte Schubert helfen.
Er schickte den „Erlkönig"
an Breitkopf & Härtel
nach Leipzig.

Dem renommierten Verlag
war ein Franz Schubert aus Wien
nicht bekannt.

So ging der „Erlkönig"
an den in Dresden tätigen
Kirchenkomponisten gleichen
Namens.

Der schrieb zurück,
daß diese „Kantate"
nicht von ihm stamme,
er werde aber alles tun,
um diesen „Patron"
mit dergleichen „Machwerk"
aufzuspüren.

Der „Patron" hatte
zu diesem Zeitpunkt schon
300 Lieder, 11 Streichquartette,
5 Sinfonien und viele
Klavier- und Bühnenwerke
neben Chören und Messen
komponiert.

Und sich längst
ins Buch
der musikalischen Rekorde
eingetragen.

Die gleichgesinnte Seele

In dem mit einem Allerweltsnamen
bedachten Wilhelm Müller,
fand Schubert einen Dichter,
der ihm das gab, was er
so dringend
suchte.

Besagter Müller
stufte sich selber
richtig ein:
„Ich kann weder spielen
noch singen,
und wenn ich dichte,
so singe ich doch
und spiele auch.

Wenn ich die Weisen
von mir geben könnte,
so würden meine Lieder
besser gefallen.

Aber getrost,
es kann sich ja eine
gleichgesinnte Seele finden,
die die Weise aus den Worten
heraushorcht und sie mir
zurückgibt."

Die gleichgesinnte Seele
fand sich in Schubert.
Er verhalf dem Wilhelm Müller
zur Unsterblichkeit.

Die Sache

An einem Märztag
vier Jahre vor seinem Tod,
schrieb Franz Schubert
an seinen Freund
Kupelwieser:

„Ich fühle mich
als den unglücklichsten,
elendsten Menschen
auf der Welt.
Denk Dir einen Menschen,
dessen Gesundheit nie mehr
richtig werden will und der
aus Verzweiflung darüber
die Sache immer schlechter
statt besser macht."

Die Sache
umfaßte schließlich
neun Symphonien,
sechshundert Lieder
und eine unübersehbare Zahl
sonstiger Kompositionen.

Die Perücke

Früher trugen
die Adeligen
kunstvoll gefertigte
Perücken.

Seine war
kein Prachtstück,
strähnig, fett die Zoden,
in der Mitte lieblos
gescheitelt.

Wie er sie aufsetzt,
erblickt er im Spiegel
einen Fremden.

Der sieht ihn an:
Ja, ja, du bist es,
der Schubert,
der büschelweise
haart.

Der Lockenkopf,
die dichte Mähne,
wer hat sie ihm
geraubt?

Des Nachts
bevor er einschläft,
wirft er den verhaßten Balg
ins Eck.

Dann fühlt er
nach dem kahlen Kopf.
Und spürt, der ist
nicht seiner.
Der gehört schon
einem anderen.

Rosamunde

Am 20. Dezember 1823
ist Schubert wieder
im Theater an der Wien
mit „Rosamunde von Cypern".

Neun Musikstücke
steuert Schubert bei,
bei jedem Stück
von seiner Muse
innig geküßt.

Nichts deutet
auf die innere und äußere
Not.

Wenn er die Töne setzt,
sitzt ein anderer
am Klavier.

Von dem fällt alles ab,
was ihn am Tage peinigt,
die Schmerzen,
die immer wieder kommen,
die chronische Geldnot,
die Stunden, schlaflos
in durchzechten Nächten,
der Katzenjammer
des nächsten Tages,
die Liebe, der er voll ist,

und nicht anbringt,
die Schwermut,
die ihn niederdrückt,
die gänzliche Verlassenheit
inmitten des Trubels.

Bittgesuch an das k.k. „Arbeitsamt"

Franz Schubert
richtete an das „Arbeitsamt"
in der Wiener Hofburg
folgendes Schreiben:

„In tiefster Ehrfurcht
wagt der Unterzeichnete
die gehorsamste Bitte
um allergnädigste Verleihung
der erledigten Vizehof-
kapellmeisterstelle."

Schubert
begründete sein Gesuch
unter anderem damit,
daß er in Wien gebürtig,
der Sohn eines Schullehrers,
29 Jahre alt und ohne
Stellung sei.

Die untertänige Bitte
wurde vom Leiter
des k.k. „Arbeitsamtes",
dem Kaiser, nicht
erhört.

Franz Schubert
blieb ohne feste
Anstellung.

Im kaiserlichen Stil

Als Schubert
dem k.k. Hofkapellmeister Josef Eybler
eine seiner Messen widmete,
erhielt er zur Antwort,
der Herr Hofkapellmeister
kenne noch kein Werk
Franz Schuberts.

Später garnierte er
seine Zurückweisung
mit der Ausrede,
die Messe sei nicht in dem Stil,
wie sie der Kaiser liebe,
komponiert.

Schubert revanchierte sich
mit der Bemerkung:
„Ich bin denn nicht so glücklich,
im kaiserlichen Stil
schreiben zu können."

Schuberts Stil
wies allen Eyblers
bald jenen Platz zu,
der ihnen gebührte:
Am kaiserlichen Musikanten-
stadl.

Im Strom der Sprache

Der weiche Wiener Dialekt,
in seinen Liedern ist von ihm
kein Hauch.

Nur hochdeutsch
tönt's in seinen Liedern.
Das Heidenröslein.
Der Erlkönig.
Die Forelle.

Im Strom der Sprache
Notenperlen silberhell.
Nie ein falscher Ton.
Immer das Glück
der Harmonie.

Compositeur, das klang gut

Obwohl Schubert
in den Fußstapfen seines Vaters
den Beruf Lehrer ergreifen sollte,
hatte er dafür wenig
über.

Lehrer, gewiß, das bot eine
bescheidene Existenzgrundlage,
bei der freilich der Gulden
nicht klirrte im Portemonnaie -
ja, hatte er überhaupt so ein Behältnis?

Das, was er so selten erhielt,
steckte er in die Rocktasche
und fingerte es heraus
im Wirtshaus.

Da schau her,
ulkten die Freunde,
der Bertl hat heut'
die Spendierhosn an!

Sein abgetragenes Beinkleid,
eine Spendierhose?
Die sah in Wirklichkeit
anders aus als die eines
Compositeurs.

Compositeur,
das klang gut - auf französisch,

wie wenn sich einer
mit fremden Federn schmückte,
aber er schmückte sich nicht
mit fremden Federn,
er holte alles aus sich heraus,
er, der Franz Schubert,
geboren in Wien,
am Lichtenthaler Grund.

Ja, das Compositeur
setzte er hinter seinen Namen,
und damit war klar,
was gemeint war -
die hohe Kunst,
die brotlose Kunst,
die weder ihren Mann
noch eine Familie
ernähren konnte.

Nie strebte er über die Grenze,
doch lebte er an ihr -
an der Armutsgrenze.

Armut ist keine Schande,
das mochte schon stimmen,
aber weh tut sie einem
wie ein Nesselhemd,
das auf der Haut brennt -
und noch mehr - im Magen.

Plumpe Fälschung

Unter den Messen,
die der junge Schubert schrieb,
machte sich die zweite
auf den Weg nach Prag.

Dort kam sie
in die Hände eines Robert Führer,
seines Zeichens Kapellmeister
am Dom St. Veit.

Der fackelte nicht lange.
Abfackelte er die Flamme aus Wien
von einem unbekannten Franz
Schubert.

Den eigenen Namen setzt
der ehrgeizige Domkapellmeister
über die Noten der Messe G-Dur
für Orgel, Chor und Streicher
und führte sie auf zu Ehren
Ihrer Kaiserlichen Hoheit,
der Erzherzogin Marie Karoline.

Die frischgebackene Äbtissin
nimmt die Messe an,
die spät nach Schuberts Tod
von seinem Bruder Ferdinand
als plumpe Fälschung
entlarvt wird.

Die ihn nicht liebte

Einmal machte Schubert sich erbötig,
bei einer Aschermittwoch-Akademie
mitzuwirken.

Michael Vogl sang
den „Erlkönig",
am Klavier begleitet
von Anselm Hüttenbrenner.

Schubert befand sich
in bester Gesellschaft.
Unter den Auftretenden waren
die elfjährige Fanny Elßler,
die sechzehnjährige Wilhelmine Schröder
und die siebzehnjährige Karoline Unger.

Schuberts Part
war einfach.
Er wendete für Hüttenbrenner
die Noten.

Ihn störte
diese Rolle nicht.
Die Hauptsach',
er war dabei.

Er durfte
auf der Bühne
stehen.

Auf der Bühne,
die ihn nicht liebte.
Die ihn nicht annahm.

Die ihn von oben herab
behandelte, als wäre er
ein x-beliebiger Noten-
schreiber.

Vom Genieren

Nicht dem Schöpfer der Lieder
galt der frenetische Beifall
in einem Fürstlichen Haus,
dem Sänger, dem Interpreten Baron Schönstein
galt der Jubel.

Als die Fürstin
die Vernachlässigung Schuberts
gut machen wollte,
meinte er bescheiden,
er sei es gewöhnt,
übersehen zu werden,
ja, es sei ihm gerade recht,
weil er sich so weniger
genieren müsse.

Der Schubert,
weniger genieren?

Als ob nicht
die ganze fürstliche Gesellschaft
noch im Grab
erröten müßte!

Wozu auch?

Nach dem großen Beethoven
wagt auch er sich
über die Sonate
fürs Klavier.

Vier Sätze schreibt er hin,
wie ihm ums Herz ist,
denn was ihm durch den Kopf schießt,
das dringt durchs Herz
nach außen.

Der ersten folgt
die zweite,
doch bei der dritten
fällt ihm ein,
daß von Beethoven
schon 27 Sonaten sich türmen
zu einem gewaltigen Gebirge,
so hoch, so unerreichbar,
daß er bei seiner dritten
das Finale ausläßt.

Wozu auch?
Alles schon erledigt
durch das Dreigestirn Haydn,
Mozart und Beethoven.

Halsabschneider

Zu Beginn des Jahres 1827
war Schubert wieder einmal
sehr krank.

Er brauchte dringend
Geld.

So wanderte
Franz Lachner
mit den ersten zwölf Liedern
der „Winterreise"
zum Haslinger.

Der nahm sie an
und zahlte pro Lied
1 - in Worten einen -
Gulden.

Nie wurde ein Kunstwerk
schäbiger bezahlt
als durch den Halsabschneider
Haslinger.

Dem Schubert
schnitt er auch
die Ehr' ab,
samt dem Hoffnungsfaden,
er würde einmal ordentlich
bezahlt.

In einem Brief
an seine Eltern
klagte Schubert
daß der Künstler ewig
der Sklave jedes elenden Krämers
bleibe.

Einen guten Nachmittag antun

Winter 1827.
Schubert hungert.
Er weiß nicht ein
noch aus.

Vielleicht daß ihm...
und suchte sie auf
die neue Mutter.

Wie redet man sie an,
die Anna Kleyenböck?
Die seinem Vater
noch sechs Kinder schenkt,
darunter den kleinen Kajetan,
den, kaum geboren,
der grüne Rasen
deckt.

„Frau Mutter", sagt er,
und senkt verlegen den Blick,
„lassen Sie mich ein wenig nachsehen,
vielleicht finden sich in Ihren Strümpfen
ein paar Zwanziger,
die Sie mir schenken
können."

Und auf ihren fragenden Blick:
„Damit ich mir heute
einen guten Nachmittag
antun kann!"

Einen guten Nachmittag
mit Essen und Trinken.
Nicht mehr!

Der Nächste

Als Beethoven
zu Grabe getragen wurde,
schritten zu beiden Seiten
des Leichenwagens
36 schwarzgekleidete Musiker,
in der Hand
eine brennende Fackel.

Einer von ihnen
war Franz Schubert.
Er traf sich nach der Beerdigung
mit seinen Freunden im Gasthaus
„Zur Mehlgrube".

Er trank zuerst
auf Beethoven und dann
auf den Nächsten
aus dem Freundeskreis,
der sterben werde.

Schubert trank
sich selber zu.
Er war der Nächste.

Anhauch des Todes

Alt wurde er nicht,
der Wilhelm Müller.
Mit einunddreißig
starb er.

Als Schubert
den zweiten Teil
der „Winterreise" vertonte,
war ihr Dichter
schon tot.

Schubert -
nach langer schwerer Krankheit
vergoß er seinen Schmerz
auf des Wanderers
Abschiedsstationen.

In Düsterkeit
verbringt er die Tage
und Nächte.

„Ihr werdet es bald hören
und begreifen",
bedeutet er den Freunden.

Und die begriffen
die Lieder von der Nimmerwiederkehr
des Glücks.

Als Vogl sie sang -
bald sechzig -
mit dem Rest seiner einst
so strahlenden Stimme,
war ihnen, als stünden sie selber
am Ende ihrer Reise.

Die Winterreise -
Anhauch des Todes,
Ergriffensein
und Schweigen.

Winterreise

Die Winterreise
nicht wirklich angetreten.
Die Reise nur im Kopf.
So sah er viel.

Die Wetterfahne.
Den Lindenbaum.
Die Wasserflut.

Das Irrlicht.
Die Krähe.
Die Nebensonnen.

Den Wegweiser.
Das Wirtshaus.
Den Leiermann.

In Erstarrung.
Mit gefrorenen Tränen.

Auf ewig geteilt

Wer Schubert
verstehen will,
muß ihn in zwei Hälften
teilen.

Er tat es
Tag für Tag.

In fremder Gegend
sang er, lange, lange
Jahre.

Ein Ausgewiesener war er
und war doch immer zu Hause
in Wien.

Wollte er Liebe singen,
sang aus ihm der Schmerz,
wollte er den Schmerz besingen,
sang aus ihm die Liebe.

Liebe und Schmerz,
zwei Hälften und doch
ein Ganzes.

So wurde noch keiner geprellt

Für die ersten sechs Lieder
seiner „Winterreise"
erhielt Franz Schubert
ganze sechs Gulden Honorar
während sein Verleger
allein für den „Wanderer"
27.000 Gulden einstrich.

So wurde noch keiner geprellt
im Umkreis von tausend Meilen
wie Franz Schubert.

Was hätte er auch machen können?
Sich wehren? Prozessieren?

Den Weg zum Salzamt hat er sich
erspart.

Frz.

Warum ließ Schubert
bei seinem Vornamen
so oft das a
aus?

Ich vermute,
daß er mit diesem ausgelassenen a
ein wenig Zeit
ergattern wollte.

Den scharfen Diamanten Zeit,
mit dem er seine Werke
schliff.

Allein die Wiener Presse

Den Tag genau,
ein Jahr nach Beethovens Tod,
lud die Wiener Allgemeine Theaterzeitung
zum Besuche des Privatkonzertes
von Franz Schubert ein.

Und alle, alle kamen.
Der Saal war ausverkauft.
Natürlich glänzte Vogl im Programm,
mit ihm der Bockledt und der Böhm,
der Holz, der Weiß, der Linke,
der Tietze und Lewy der Jüngere
und die junge Josefine Fröhlich
mit den Schülerinnen des Konservatoriums.

Drei Gulden Wiener Währung
kostete der Eintritt.
Schubert durfte endlich
sich einer Börse mit einem Reingewinn
von achthundert Gulden
erfreuen.

So kaufte er ein Klavier,
zahlte Schulden ab
und war glücklich
und spendabel.

Allein die Wiener Presse
schwieg den Abend tot,
obwohl der Jubel stark
und ehrlich war.

Dagegen gab es Lob
aus Dresden, Leipzig und Berlin.

Über Schubert hieß es:
„...die kleineren Sterne erbleichten
vor dem Glanze dieses Kometen
am musikalischen Himmel."

Die letzte Schubertiade

Am 18. Jänner 1828
fanden sich im gewohnten Beisl
die Freunde ein -
Spaun als Bräutigam,
dem Schubert sagte,
er sei zwar traurig darüber,
daß er dem Freundeskreis verloren gehe,
aber er mache ihm und seiner Braut
die Freude einer Schubertiade.

Bockledt spielte
ein Trio mit Schuppanzigh und Linke,
sodann vierhändig mit Schubert
Variationen über ein eigenes Thema,
dies mit solchem Feuer,
daß alles entzückt war
und Bockledt Schubert jubelnd
umarmte.

Es war
die letzte Schubertiade.
Ihr folgte
keine mehr.

Streichquartett in C-Dur

Im Sommer
seines letzten Lebensjahres
stellt Schubert
den hohen Klängen zweier Geigen
die Tiefe zweier Cellos
und einer Bratsche
gegenüber.

Was war in den
von Schmerzen gepeinigten Körper gefahren,
daß er sich von der Fessel der Krankheit
befreite
und die Sonnenseite des Daseins
in ihrer ganzen Schönheit
schuf?

So lebt er

So lebt er.
In Wien.
Die Großen draußen sterben.
Byron 1824, im April.
Jean Paul nur ein Jahr später.
'26 stirbt der stürmische Weber.
'27, im März, Beethoven, der Titan.
Im Frühjahr '28 Goya in Bordeaux.
Im grauen November desselben Jahres
stirbt auch er.

Im schwankenden Schinakel

Im Delirium geriet ihm alles durcheinander.
Die Zeiten, die Räume, die Menschen;
die Mutter, der Vater, die Brüder,
die Therese Grob, die Caroline Esterházy,
der Schober, der Schwind, der Kupelwieser.

Da purzelten sie komisch über die Grasnarbe,
da fielen sie zotig über ihn hin,
da erhoben sie sich mit Fledermausohren in die
Lüfte,
ihn ließen sie höhnisch unten zurück
auf seinem schwankenden Schinakel
ohne Ruder und Steuer,
aus dem die frechen Kobolde krochen:
Schubert Franz, mach' keine Tanz!
Schubert Franzl, Maunerschwanzl!

So war da mit dem Paradies,
kein Ort des Friedens,
ein Wurstelprater der Gefühle,
ein Tanzboden, unter dem
die Flammen prasseln,
kein luftiger Sitz auf einer Wolke,
Schlund voll Schwärze,

Die Rauchkuchl im Lichtenthal,
da war sie wieder.

Letzter Brief

Schubert schrieb
eine Woche vor seinem Tod
an seinen besten Freund:

„Lieber Schober!
Ich bin krank.
Ich habe elf Tage
nichts gegessen
und nichts getrunken
und wandle matt und schwankend
von Sessel zum Bett und zurück.
Rinna behandelt mich.
Wenn ich auch was genieße,
so muß ich es gleich
wieder von mir geben.

Sei also so gut,
mir in dieser verzweiflungsvollen Lage
durch Lektüre zu Hilfe zu kommen.
Von Cooper habe ich gelesen.
Den letzten der Mohikaner,
den Spion, den Lootsen
und die Ansiedler.
Solltest vielleicht
noch was von ihm haben,
so beschwöre ich Dich,
mir solches bei Fr. v. Bogner
im Kaffeehs. zu depositieren.

Mein Bruder,
die Gewissenhaftigkeit selbst,
wird solches am gewissenhaftesten
überbringen. Oder auch
was Anderes.

Dein Freund Schubert."

Schubert starb,
32 Jahre alt,
an Typhus und Enttäuschung.

Die wenigsten wissen,
daß er vor seinem Tod
Indianerromane las,
um sein Elend
zu vergessen.

In den Fieberphantasien

In den Fieberphantasien,
nach Beethoven sucht er.

Sucht und sucht
und murmelt erschöpft:
„Hier liegt Beethoven nicht!"

Und fand ihn doch.
Nach seinem Tod.

Schubert wurde
an der Mauer
des Währinger Friedhofes,
drei Grabhügel
von Beethoven entfernt,
zur letzten Ruhe
gebettet.

Ohne Augenmaß

Schuberts Vater
schrieb seinem Sohn
die Trauerparte:
„Zu einem besseren Leben
entschlummerte er
im 32. Jahr
seines Alters."

Er wußte,
sein Sohn war nicht
sehr glücklich gewesen.
Kein Weib, kein Kind, kein Heim,
nur Gast in fremden
Betten.

Als Tonkünstler
und Compositeur
wies er ihn aus,
den er so gerne als Lehrer
gesehen hätte in fester
Stellung.

Tonkünstler
und Compositeur,
das klang nach
fahrendem Volk,
nach Thespis-
karren.

Nicht wirklich
erkannte der Vater
das Genie des Sohnes.
Wie hätte er auch -
wo selbst die Rezensenten
in gnädiger Übertreibung
ihn zum Liederfürst
erhoben.

Ein Adelstitel
der billigen Art,
ein Ritterschlag
mit Augenzwinkern,
ein Maßnehmen
ohne Augenmaß.

Über den Wassern der Welt
Für Ottmar Premstaller

Schuberts Grabstein,
ein kitschiger Tempel
en miniature,
Griechengiebel,
zwei Säulchen,
dazwischen die Büste.

Grillparzer meinte:
Der Tod begrub hier
einen reichen Besitz.

Der Hofrat irrte.
Schuberts Besitz,
seine überirdische Musik,
wurde mit ihm
nicht beerdigt.

Aus den Konzertsälen
dringt sie ins Freie,
überquert leichtfüßig
die Pässe der Alpen
und steigt mit den Wolken
ins Licht.

Über den Wassern
der Welt.

Schuberts wahres Antlitz

Schon Menandron
wußte es zu sagen:
Wen die Götter lieben,
den rufen sie früh zu sich.

Also riefen sie
Franz Schubert
im hoffnungsvollen Alter
von 32 Jahren
zu sich.

Von der Nachwelt
gründlich verkannt,
führte er posthum
im „Dreimaderlhaus"
ein zuckersüßes Leben.

Zum hundertsten Geburtstag
verstieg sich Otto Böhler
zu einer Zeichnung in Tusche.
Sie zeigt den Jubilar
umschwirrt von Schwärmen Engeln,
von denen einer ihm den Lorbeer
übers Haupt hält.

Und während die Engel
ihm zu Ehren musizieren,
bewegt sich eine lange Schlange
von Gratulanten auf ihn zu

und Schubert nimmt ihre Wünsche
gerührt entgegen.

Dabei hätte ein Blick
auf eine andere Zeichnung genügt,
das wahre Antlitz Schuberts
zu erkennen, eine Zeichnung
seines Freundes Moritz von Schwind,
die Schuberts Zimmer
in der Wipplingerstraße
1821 festhielt:
Nichts als ein Stuhl
vor dem Fortepiano
und auf dem ein Stoß von Noten -
er selber fehlt.

Und dennoch ist er da.
Deutlich erkennbar.

Die Unvollendete

In Lichtenthal
ins Jammertal der Welt geboren,
Franz Schubert,
Schulgehilfe, Compositeur,
sechs Jahre vor seinem Tod
die Sinfonie Nr.8
h-moll.

Die Partitur nach Graz.
Dort lag sie
35 Jahre unbeachtet
im Archiv des Musik-
vereins.

„Die Unvollendete"
nannte sie die Nachwelt.
Nur zwei Sätze,
was für Sätze!
Das schwermütige
Allegro moderato
und das lichtvolle
Andante con moto.

Aus dem Dunkel
der Schöpfung hebt sich
schmerzlich die Frage:
Schicksal, was birgst du
in deinem Schoß?

Schuberts Antwort:
Die seligen Höhen der Kunst,
wo das Sterbliche abfällt
wie dürres Laub
vom Geäst.

Schubert hat
die beiden Sätze
nie gehört.

Wir dagegen hören sie
und finden sie
vollendet.

Ständige Bleibe

Schuberts Kurzsichtigkeit
hinderte ihn nicht,
über den Rand der Welt
hinauszusehen.

Seine Kleinwüchsigkeit
hielt ihn nicht ab,
das irdische Jammertal
mit Riesenschritten
zu durchmessen.

Seine Wohnungslosigkeit
ließ ihn erst gar nicht
Wurzeln schlagen
in einem Bürgerhaus.

Dennoch hatte er
eine ständige Bleibe
im Reiche der Musik,
in dem es keine Grenzen
gab.

Nicht einmal der Tod
vermochte ihn aus ihr
zu vertreiben.
In seiner Musik lebt er
fort und fort.

Ein kleines Gefecht

Als Robert Schumann
im Herbst 1838
nach Wien übersiedelte,
besuchte er zuerst die Gräber
von Schubert und Beethoven;
dann fand er sich
bei Ferdinand Schubert
ein.

Bewegt stand er
vor einem Berg verstaubter Dokumente
aus Noten, Briefen und Notizen.
Und wie er so stöberte, stieß er auf die Partitur
der großen C-Dur
Sinfonie.

Schubert hat sie
nie gehört.
Al er sie den „Musikfreunden"
angeboten hatte, wurde sie
vom Orchester für unspielbar
erklärt.

Da war Felix Mendelsohn-Bartholdy
schon aus anderem Holz geschnitzt.
Als er sie in Händen hielt,
war er begeistert.

Sorgfältig
studierte er sie

mit dem Gewandhaus-Orchester
ein.

Am 22. März 1839
erklang sie in Leipzig
zum erstenmal.

Wien kam zögernd nach
und setzte die ersten beiden Sätze -
getrennt durch eine Arie Donizettis -
aufs Programm

Ein Rezensent verstieg sich
zu der Aussage,
das Ganze sei ein kleines Gefecht
von Instrumenten.
Es wäre besser gewesen,
dieses Werk ganz ruhen
zu lassen.

Wenn's tatsächlich
so gekommen wäre -
die Menschheit wäre
um einen großen Hymnus ärmer,
einen Hymnus, den Schubert
nach dem Anhauch des Todes
in der „Winterreise",
dem Leben widmete,
dem Sieg der Sonne
über die Schatten.

Ohne Restaurierung

Das Sterbehaus Haydns
in Gumpendorf
ähnelt dem Schuberts
in der Kettenbrückengasse.

Nur daß Haydns Sterbehaus
ihm gehörte,
dem Schubert seines
nicht.

Der wohnte bei seinem Bruder
in Aftermiete, ein Unterschlupf
auf Zeit, nicht mehr.

Wie sollte der Schubert
auch ein Haus erwerben
der gängigen Art?

Der arme Schlucker
hatte nichts zum Schlucken
und schon gar nicht
einen Haustorschlüssel
zum eigenen Haus.

Erst nach seinem Tode
stand sein Haus -
aus Noten gezimmert -
das strahlendste Gebäude der Welt,
das alle Zeiten überdauert.
Ohne Restaurierung.

Schubert. Eine Störung

Erinnern und Vergessen, aber wie? Es gibt ja nicht nur das verdrängende Vergessen als geistiges Faustrecht der Unterhaltungsansprüche der Gegenwart. Es gibt auch die geglättete Erinnerung, den schönen Denkmalschutz, der Werk und Person eines Künstlers abbusselt und gleichzeitig seiner Tragik den sozialen Fußtritt versetzt.

Ein österreichischer Dichter, der solchen Hintergründen nachgeht, der sie in seinen Prosagedichten überzeugend nachempfindet und dem Leser als erschütterndes Paradoxon vors Bewußtsein stellt, ein solcher Hugo Schanovsky mußte mit der Folgerichtigkeit seiner Streifzüge auf jenen Komponisten stoßen, den sich die österreichische Seele als Franzl Schubert als musikalischen Süßstoff einverleibt hat. So schön sein Moll, so heilsam grün sein Klang. So wienerisch todverträumt das Genre, Prüfstein jedes virtuosen Stars, der im Kontrast zum Salzburger Weltbürger Mozart das Schubert-Repertoire hervor- und durchzieht.

Kein Mangel herrscht an Interpretation und Information. Einst tanzte und tändelte er im „Dreimäderlhaus", heute weint er im Fernsehen seine heißen Tränen, der Biographien-Romancier Peter Härtling beschrieb ihn so ehrlich wie Hans Weigel es in der „Flucht vor der Größe" gefordert hatte. Was also gibt es noch zu sagen?

Prosagedichte, schlaglichtig schlicht, jedes eine soziale Situation, jedes wie eine Antwort auf die Frage: „Haben Sie das gewußt?" Hugo Schanovsky versteckt sich weder hinter Rätseln noch Experimenten. Er gestaltet Tatsachen und vermittelt Wissen. Und er nutzt die Bildkraft seiner Sprache, um uns vorstellen zu können, was manche Fassungskraft bei bloßer Mitteilung überfordert hätte. Die schmuddelige Perücke also, der Abtritt im Geburtshaus, der Holz-Zustand des Dachbodens, die Untermietverhältnisse, die ewige Geldnot. Schanovsky benennt, läßt Fragen und Konsequenzen anklingen - und schweigt. Ja, der leere Raum unter der letzten Zeile gehört auch dazu. Dahinein wäre das Weiterdichten des Lesers zu stellen, die individuelle Antwort auf das Erfahrene. Diese offenen Schlüsse sind charakteristisch.

Nun, wird mancher sagen, das haben wir ja gewußt, daß der Schubert Franz ein ganz armer Hund war, daß an seiner Größe etwas wie Sozialromantik des Biedermeier haftet. Aber vorstellen, hineinleben, hineinstürzen in dieses Elend, es nicht verdrängen oder verklären, es nicht als Tugend preisen, sondern sich seiner auch als Schuld bewußt werden, die keiner abzutragen vermag, der sich an Schuberts Musik erfreut, das wäre eine diesen Texten angemessene Haltung.

Die heimatliche Heimatlosigkeit als Hintergrund des österreichischen Genies. Schubert als Beispiel. Es darf weitergedacht und weitergedichtet werden. Damit viele es begreifen.

Eduard C. Heinisch